AF497378

ORDRE

ET

REGLEMENTS

Qui s'obfervent dans la Maifon de
Monfeigneur LE DUC D'ORLÉANS,
pour la conduite de la Bouche,

*Donnés par M. DE M*** Premier Maître d'Hôtel,*
& approuvés par S. A. S.

A PARIS,

DE L'IMPRIMERIE DE P. G. LE MERCIER,
Imprimeur de la Ville, rue S. Jacques, au Livre d'or.

M. DCC. LXIV.

TABLEAU
DU SERVICE DE LA BOUCHE
de Monseigneur LE DUC D'ORLÉANS,
qui est fait par les Officiers qui suivent.

ORDRE

ORDRE

ET

RÉGLEMENTS

QUI s'obfervent dans la Maifon de Monfeigneur LE DUC D'ORLÉANS, pour la conduite de la Bouche.

CHAPITRE PREMIER.

Premier Maître d'Hôtel.

LE premier Maître d'Hôtel commande toute la Bouche & les Offices ; il fait fçavoir les ordres & les volontés du Prince, & il arrête tous les mois & tous les quartiers les différents Rolles de toutes les dépenfes de la Bouche, dont il fe fait rendre compte par les Maîtres d'Hôtel & Controlleurs quand il le juge à propos.

A

CHAPITRE II.

Maîtres d'Hôtel.

ARTICLE PREMIER.

LEs Maîtres d'Hôtel servent par quartier, & leur service consiste à prendre les ordres de Monseigneur pour le service de la Bouche, & à s'instruire de ses intentions selon les événements, à se trouver aux recettes des Provisions, veiller aux consommations des Viandes de Boucherie, Volailles, Poisson de Mer & d'Eau douce, Légumes, Fruits, Pain, Vin, &c ; à visiter, parapher & arrêter journellement les Registres sur lesquels elles sont portées ; vérifier chaque quartier les Inventaires de Vaisselle, Batterie, Linge, Porcelaine, &c, pour en connoître & en constater la situation.

I I.

Les Maîtres d'Hôtel ont l'autorité immédiate après le premier Maître d'Hôtel, & servent par quartier.

I I I.

Le Maître d'Hôtel de quartier sert où est le fond de la Maison, c'est-à-dire, dans l'endroit où s'est transporté le Commis du Bureau avec ses Livres & Registres pour suivre Monseigneur.

I V.

Le Maître d'Hôtel de service demande journellement à Monseigneur ses ordres nécessaires pour le diner ou le souper ; il rend ces ordres au Controlleur de service, qu'il instruit du nombre des Tables & de celui des Couverts, & des autres volontés de Monseigneur pour l'heure du service, & il avertit Monseigneur lorsque le service est fait.

V.

Après le repas, le Maître d'Hôtel de service demande les ordres de Monseigneur pour le repas suivant, & rend les mêmes ordres aux Controlleurs de service.

V I.

Le Maître d'Hôtel qui sort de service, fait les services de corvées pendant le quartier suivant dans les endroits éloignés de celui où est le fond de la Maison, & dans des circonstances particulières, comme lorsqu'il faut rendre & présenter le Pain bénit, &c ; il fait aussi le service du Maître d'Hôtel de quartier absent par maladie ou autrement.

V I I.

Le Maître d'Hôtel de quartier se trouve aux recettes des provisions, & aux pesées des fournitures qui se font au Garde-manger, & il paraphe à la marge du Registre, sur lequel elles sont écrites par le Garçon du Garde-manger, l'article de la fourniture qu'il a vu.

V I I I.

Le Maître d'Hôtel de quartier vient journellement au Bureau visiter les différents Livres dans lesquels les achats & consommations sont portés & détaillés, afin de voir s'ils sont arrêtés jour par jour par le Controlleur de quartier, comme ils doivent l'être.

I X.

Les Maîtres d'Hôtel qui ne sont pas de quartier, ont aussi droit d'examiner au Bureau les Livres qui s'y tiennent toutes les fois que bon leur semble.

X.

Il ne se passe aucuns des marchés, dont l'état est ci-après au Chapitre du Bureau pour le service de la Bouche de Monseigneur, qui n'ait été auparavant présenté au Bureau & signé du premier Maître d'Hôtel, des Maîtres d'Hôtel & Controlleurs qui y décident à la pluralité des voix, après les soumissions prises par eux chez différents Marchands, du choix de celui avec lequel on doit passer le marché.

X I.

Le Maître d'Hôtel de quartier reçoit tous les jours du Commis du Bureau, une feuille dans laquelle est détaillée la dépense du jour précédent ; c'est-à-dire la quantité & la qualité des différents plats qui ont été servis à diner & à souper, tant sur la Table de Monseigneur, que sur celle des Gentilshommes, & autres Tables lorsqu'il y en a ; le Commis y fpécifie le nombre des Perfonnes qui étoient à chacune de ces Tables ce jour-là ; & il écrit fur la même feuille la recette, c'eft-à-dire la quantité, la qualité, & le prix des différentes provifions qui font entrées le même jour dans le Garde-manger, le tout relativement aux marchés & aux Livres qu'il tient à ce fujet ; & à la fin de chaque mois, le Maître d'Hôtel de quartier remet toutes lefdites feuilles au premier Maître d'Hôtel.

X I I.

Le Maître d'Hôtel de quartier paraphe journellement un grand Regiftre où eft portée en une feule ligne la fourniture des Marchands de chaque jour, & l'on fait, à la fin de cha-que mois, une récapitulation de ces journées, qui forme le total de la dépenfe du mois, que le Maître d'Hôtel de quar-tier arrête.

X I I I.

Le Maître d'Hôtel de quartier paraphe auffi tous les ma-tins un Regiftre fur lequel le Commis du Bureau écrit les dépenfes manuelles qu'il a eu ordre de payer la veille, après s'en être fait montrer les quittances par ledit Commis, comme il fera dit à fon Chapitre, Article XV.

X I V.

Le Maître d'Hôtel de quartier tient la Table des Gentils-hommes dans les endroits où il y en a une ordonnée par Monfeigneur.

X V.

Les Maîtres d'Hôtel de quartier & de corvée fe font rem-bourfer par le Commis du Bureau, fur leurs quittances, des voitures dont ils ont befoin pour le fervice.

X V I.

Le Maître d'Hôtel de quartier eft nourri, éclairé & chauffé pendant fon fervice ; & celui de corvée eft nourri feulement.

X V I I.

Le Maître d'Hôtel de quartier n'eft point nourri lorfqu'il n'y a point de Table.

X V I I I.

Le Maître d'Hôtel de quartier fait conjointement avec le Maître d'Hôtel qui en fort, la vérification des Inventaires de Vaiſſelle d'argent, Batterie, Porcelaine, Criſtaux, Linge de Table & de Cuiſine dans toutes les Maiſons occupées par Monſeigneur, & il fait faire par le Commis du Bureau un état de ce qui s'eſt perdu ou caſſé, & de ce qui ſe trouve de nulle valeur pendant le dernier quartier, & remet ledit état au premier Maître d'Hôtel.

X I X.

Le Maître d'Hôtel du quartier d'Octobre fait annuellement avec le Linger, dans le mois de Décembre, le récollement du Linge de Table & de Cuiſine qui s'eſt perdu ou qui eſt devenu de nulle valeur pendant l'année, comme il eſt expliqué en l'article VII du Chapitre du Linger ci-après.

C H A P I T R E   I I I.

Controlleurs de la Bouche.

A R T I C L E   I.

LE ſervice des Controlleurs conſiſte à faire faire toutes les proviſions de Bouche néceſſaires pour la conſommation de la Table de Monſeigneur, des Gentilshommes, & des autres Tables de ſuite ordonnées par le premier Maître d'Hôtel ; à faire les menus, en y appellant l'Ecuyer de la Bouche, à raiſon des ordres qu'il a reçus du Maître d'Hôtel de quartier en conſéquence de ceux de Monſeigneur ; à commander à toutes les différentes parties de la Bouche & des Offices ; à mettre les plats ſur la Table ; à arrêter les Livres & Mémoires des fournitures qu'il réduit ſuivant les prix courans, &c.

I I.

Les Controlleurs ont l'autorité immédiate après les Maîtres d'Hôtel, ſur les Officiers & Garçons de la Bouche des différents Offices, pour l'exacte ſubordination abſolument néceſſaire au bien du ſervice ; & lorſque quelques-uns des ſuſdits manquent d'obéiſſance à ce qui leur eſt ordonné par leſdits Controlleurs, ceux-ci en font leur rapport

au premier Maître d'Hôtel, qui décide de la punition pro-
portionnée à la faute commise.

III.

Le Controlleur de service prend l'ordre de Monseigneur
en l'absence du Maître d'Hôtel de quartier, & il fait avertir
le Maître d'Hôtel des ordres qui lui ont été donnés.

IV.

Les Controlleurs servent par quartier, & celui qui en sort
fait le service des corvées pendant le quartier suivant :
comme lorsqu'on rend des Pains bénits où la Maison de
Monseigneur n'est point établie, ou lorsque Monseigneur
étant à Villers-Cotterets, Bagnolet, Saint Cloud, Versail-
les, &c, où la Maison est montée, & où le Controlleur de
quartier reste, Monseigneur vient pour diner ou souper à
Paris, ou y rester quelques jours, dans ce cas le Controlleur
de corvée est tenu de rapporter au Bureau les menus & les
feuilles détaillées de la dépense qu'il a faite & qu'il signe,
afin que le Controlleur de quartier les fasse insérer dans la
dépense courante du mois.

V.

Le Controlleur de service envoie journellement des ordres aux Marchands par le Garçon du Garde-manger,
comme il est expliqué ci-après à son Chapitre, pour fournir
les provisions nécessaires pour le service de la Bouche & des
Offices de Monseigneur, en conséquence des ordres qu'il a
reçus du Maître d'Hôtel pour en composer le menu du jour ;
& la recette s'en fait au Garde-manger en présence du Maître d'Hôtel de quartier ou de corvée qu'il envoie chercher,
pour examiner ensemble si elles sont bonnes, loyales & marchandes ; & en cas de recettes ils voyent les pesées de
Viande de Boucherie, de Beurre, Lard, &c, qu'ils font en-
registrer en leur présence par le Garçon du Garde-manger.

VI.

Le Controlleur de service arrête tous les matins les différents Livres sur lesquels le Commis du Bureau enregistre
les fournitures qui ont été faites la veille, ainsi que le Gibier
ou présents envoyés à Monseigneur ; il arrête aussi journellement le Livre tenu par le Chef de Panneterie, & celui tenu

par le Chef d'Echanſonnerie , ſur lesquels ſont écrites &
détaillées les conſommations du Pain & du Vin faites à la
Table de Monſeigneur , à celle des Gentilhommes , & aux
Tables de ſuite ordonnées par le premier Maître d'Hôtel ,
comme il ſera dit à leurs Chapitres.

V I I.

Le Controlleur de ſervice fait marquer tous les jours
devant lui les marmites néceſſaires pour le Bouillon , & les
caſſerolles pour le coulis ; & après avoir fait les menus , il
fait remettre à chaque Officier les fournitures néceſſaires
par le Garçon du Garde-manger , & fait donner devant lui
les choſes qui conviennent pour chaque partie , tant en
Viande de Boucherie , que Lard , Beurre , Œufs , Volaille ,
Légumes , &c.

V I I I.

Le Controlleur de ſervice paraphe tous les matins le Livre
ſur lequel le Commis du Bureau enregiſtre les menus de la
veille.

I X.

Tous les Controlleurs aſſiſtent aux Bureaux qui ſe tiennent par ordre du premier Maître d'Hôtel , pour y faire
leurs repréſentations & y donner leurs avis aux choſes pro-
poſées & aux mutations néceſſaires pour le bien du ſervice.

X.

Les Controlleurs ne doivent mettre les plats ſur la Table
que lorsque Monſeigneur ou Monſeigneur le Duc de Chartres s'y trouve , ou quelques Princes ou Princeſſes du Sang.
Dans le cas où il ne s'en trouve point , les Controlleurs ſont
mettre ſur Table par l'Ecuyer de Bouche , & reſtent dans le
Réchauffoir pour faire ſervir & prendre le ſervice , ſi Monſeigneur ou Monſeigneur le Duc de Chartres vient à ſe
mettre à Table.

X I.

Le Controlleur de quartier eſt nourri , éclairé & chauffé
pendant ſon quartier , & celui de corvée eſt ſeulement nourri pendant ſon ſervice.

X I I.

Le Controlleur de quartier tient la Table du Bureau

dans les endroits où il y en a une ; & il n'y mange que les Perſonnes nommées par le premier Maître d'Hôtel.

XIII.

Pendant le voyage de Compiégne, & que la Maiſon eſt à Villers-Cotterets, le Controlleur qui eſt à Compiégne eſt nourri, chauffé & éclairé.

XIV.

Pendant les voyages de Fontainebleau & de Marly, le Controlleur de corvée reſte à Paris pour être plus à portée de recevoir les ordres, & n'eſt point nourri.

XV.

Lorſqu'il n'y a point de Table, le Controlleur de quartier n'eſt pas nourri.

XVI.

Dans le cas des voyages, le Controlleur de quartier & celui de corvée font enſemble la liſte des Officiers & Garçons des Offices qui ſont néceſſaires pour le voyage, & la remettent au Bureau, dont le Commis en donne une copie au premier Maître d'Hôtel, & en ſon abſence au Maître d'Hôtel de quartier.

XVII.

Le Controlleur de ſervice ne fait faire à la Bouche de Monſeigneur de Repas pour Perſonne, & ne prête aucune Vaiſſelle, Batterie ou Linge de la Maiſon, ſans en demander la permiſſion au premier Maître d'Hôtel.

XVIII.

Le Controlleur de ſervice ne peut former d'ordinaire pour qui que ce ſoit, & ne fait donner ni Pain, ni Vin, ni Viande ſans la permiſſion du premier Maître d'Hôtel, & en ſon abſence ſans en avertir le Maître d'Hôtel de quartier ; & dans les Maiſons de Monſeigneur où les Officiers & Garçons ſont nourris, il fait remettre au premier Maître d'Hôtel, par le Commis du Bureau, un état circonſtancié de ceux qui ont Pain & Vin, & il fait donner à chaque Office un double état viſé, afin que les diſtributions ſoient faites en conſéquence.

XIX.

Dans le cas où il eſt néceſſaire de prendre des Gens extra-ordinaires,

ordinaires, le Controlleur de service ne prend personne sans la permission du premier Maître d'Hôtel.

X X.

Le Controlleur de quartier arrête jour par jour un grand Livre où est portée chaque fourniture en particulier en une seule ligne, tirée de chaque Livre, tenu par le Commis du Bureau & le Garçon du Garde-manger ; & à la fin de chaque mois on forme une récapitulation de ces journées, auxquelles on ajoute les menues dépenses dudit mois, ce qui joint ensemble fait le total de la dépense que le Controlleur arrête ; & à la fin de chaque quartier, on fait sur le grand Regiftre une récapitulation générale des trois mois, que le Controlleur arrête, & dont on forme un Rolle de dépense *ordonnancé* par Monseigneur, après avoir été arrêté par le premier Maître d'Hôtel, & signé du Maître d'Hôtel de quartier.

X X I.

Les Controlleurs n'ont aucune manutention d'argent, ni pendant leur quartier, ni pendant leur service de corvée, les Marchands fournissants, comme Bouchers, Rôtisseurs, Chaircuitiers, Beurrières, Laitières, Marchandes de Légumes & Fruits, de Poisson de Mer & d'Eau douce, Boulangers, Epiciers, Chandeliers, Charbonniers, &c, sont payés par quartier au Trésor de Monseigneur, du montant de leur fourniture, sur des Extraits signés du Controlleur de quartier, tirés du grand Livre, qui leur sont délivrés par le Commis du Bureau.

X X I I.

Les Controlleurs de quartier & de corvée se font rembourser par le Commis du Bureau sur leur quittance, les voitures dont ils ont besoin pour le service : mais ce n'est qu'après avoir demandé aux Ecuries si on ne peut pas leur en fournir en tout ou en partie, tant pour les voitures, que pour les Officiers & Garçons des Offices.

X X I I I.

Comme les Caves de dépôt des Vins ordinaires & de liqueur sont à Saint Cloud, le Controlleur de service envoie pendant son quartier des Billets d'ordre signés de lui, à l'Officier chargé du soin & de l'entretien desdites Caves à Saint Cloud, pour lui donner avis de la quantité & de l'espéce des Vins dont il a besoin pour le service; & ces mêmes Billets, ainsi que les recettes de Vin, seront enregistrés par l'Officier d'Echansonnerie de service, comme il sera dit ci-après à son Chapitre.

XXIV.

Les Controlleurs de quartier, de corvée ou sans service, ne font aucun achat en Batterie, Vaisselle, Linge, & Porcelaine, ni en Vin d'aucune espéce, sans l'ordre du premier Maître d'Hôtel, qu'ils communiquent au Maître d'Hôtel de quartier; & quand le Premier en a permis l'achat, ils remettent au Bureau un état de ce qu'ils ont acheté, afin d'en charger les Inventaires qui y sont tenus.

XXV.

Les Controlleurs de service veillent à la consommation du Bois, qui se fait à la Bouche, n'en font distribuer aux autres Officiers que la quantité prescrite sur le Réglement des Fourrières de Monseigneur, & n'en font donner pour aucun sujet à qui que ce soit.

XXVI.

Les Controlleurs de service donnent au Garde-Vaisselle un état de la Vaisselle dont ils ont besoin pour le service, soit à Paris, ou pour la porter ou envoyer où l'exige le service, & ils s'en font représenter toutes les semaines les piéces numérotées, comme il est dit au Chapitre ci-après, de la Vaisselle d'or & d'argent.

XXVII.

Les Controlleurs de service donnent à l'Officier Porteur en Cuisine chargé de la Batterie, Ferraille, Tables, Treteaux, &c, l'état de ce qu'ils ont besoin pour le service, & qu'ils se font représenter toutes les semaines dans l'endroit où se fait le service, comme il est dit au Chapitre ci-après de cet Officier.

CHAPITRE IV.

Le Bureau & son Commis.

ARTICLE I.

LE Logement désigné pour tenir le Bureau de la Bouche de Monseigneur, est celui où le Commis du Bureau travaille, il y tient dans le plus grand ordre les différents Registres, Livres, Cahiers, Journaux, Etats & Papiers qui concernent le détail de la Bouche, distribués dans des Cartons avec des titres & étiquettes sur les Registres, qui indiquent les objets, avec l'année & le mois qu'ils ont eu lieu.

I I.

Quand le Bureau se tient, il est composé du premier Maître d'Hôtel, des Maîtres d'Hôtel, des Controlleurs, & du Commis du Bureau.

III.

Il y conserve les originaux de tous les marchés qui ont été faits & signés par le Bureau assemblé, & par les différents Marchands & Fournissants, après que les fournitures à faire ont été annoncées, & les soumissions reçues en conséquence.

IV.

Les clauses & conditions suivantes sont employées dans tous les marchés qu'il est possible de faire.

Se soumettant ledit Fournissant dans les cas où on sera mécontent de ses fournitures, de payer & acquitter celles que l'on aura prises autre part, à ses risques, périls & fortunes, s'engageant pareillement ledit Fournissant à ne prétendre aucune indemnité quelconque pour aucune raison que ce puisse être.

V.

Liste des marchés faits avec les Fournissants qui suivent.

Le Boucher.
Le Rôtisseur.
Le Chaircuitier.
Le Marchand de Beurre, Œufs & Friture.

B ij

Le Boulanger.

Le Marchand de Vin (en cas qu'on veuille s'en fervir, la Maifon étant pour le préfent approvifionnée de Vins.)

L'Epicier pour les Épiceries, avec leurs prix détaillés.

Le Cirier pour la Bougie.

Le Marchand de Bois & de Fagots.

Le Charbonnier.

Le Blanchiffeur de Linge de Table & d'Office.

La Marchande de Moruë.

La Marchande de Lait & Crême.

L'Orfévre.

Le Chaudronnier.

Le Chandelier.

Regiftres & Livres tenus par le Commis du Bureau.

V I.

Un Regiftre fur lequel il écrit journellement par articles féparés, les recettes qu'il fait avec leurs prix, du Boucher, du Rôtiffeur, du Chaircuitier, du Beurrier, de la Marchande de Poiffon de Mer & d'Eau douce, ainfi que les préfents & Gibiers qui arrivent à Monfeigneur ; il prend la copie desdites recettes, dont il tire les prix fur le Livre tenu par le Garçon du Garde-manger.

V I I.

Un Regiftre fur lequel il écrit les menus de la Table de Monfeigneur, de celle des Gentilshommes, & des autres Tables lorsqu'il y en a.

V I I I.

Un Regiftre fur lequel il écrit toutes les provifions mifes au magafin de la Bouche dont il eft chargé, comme Epiceries, Sucre, Caffé, Chocolat, Confitures, Fruits à l'Eau-de-vie, Huile, Bougies, &c. Il écrit fur le même Regiftre les livraifons qu'il en fait journellement aux Chefs des différents Offices, fur des Billets fignés d'eux, & qu'il produit au Controlleur de quartier, qui ne paraphe jour par jour ledit Regiftre, qu'après avoir vu & examiné lesdits Billets.

I X.

Un Regiftre fur lequel il écrit les provifions d'Epiceries

demandées au Marchand, fur des Billets d'ordre fignés du Controlleur, & dont il fait l'emploi & diftribution, comme il eft dit à l'Article précédent.

X.

Un Regiftre fur lequel il écrit la Chandelle qu'il reçoit du Marchand ; il en délivre chaque mois au Garçon du Garde-manger la quantité fixée par le Bureau affemblé pour le fervice de la Bouche, & aux premiers Garçons des Offices la quantité auffi fixée par le Bureau pour chaque Office particulier. Et fi, par des cas imprévus, la quantité fixée n'eft pas fuffifante, le Controlleur de fervice ordonne au Commis du Bureau, qui en eft chargé & comptable vis-à-vis du Marchand, d'en donner par extraordinaire, qui eft employée avec explication à l'Article de fourniture ordinaire du Marchand.

X I.

Un Regiftre ayant pour titre fur la couverture, *Livre du Magafin de la Bouche*, dont eft chargé le Commis, où il écrit toutes les fournitures en Epiceries, Sucre, Jambons, Huile, &c, faites par l'Epicier, fur des Billets d'ordre du Controlleur, & qui ne font enregiftrées par le Commis du Bureau, & paraphées par le Maître d'Hôtel & le Controlleur, qu'après en avoir examiné la qualité & quantité, & vu le poids aux balances du Garde-manger ; il écrit fur le même Regiftre toutes les provifions qui fe font & qui lui font remifes, tant en Caffé acheté à la Compagnie des Indes, qu'en Chocolat, Confitures de toute efpéce, Fruits à l'Eau-de-vie, Fleur d'Orange, Pralines, &c, faites aux Offices de Monfeigneur ; & il détaille fur ledit Regiftre les livraifons qu'il en fait journellement aux Chefs des différents Offices, fur des Billets fignés d'eux, & qu'il produit au Controlleur de quartier, qui n'en paraphe jour par jour les articles fur ledit Regiftre, qu'après avoir vu, lu & examiné lefdits Billets.

X I I.

Le Commis du Bureau préfente & fait faire au Maître d'Hôtel & au Controlleur qui entrent en quartier, conjointement avec le Maître d'Hôtel & le Controlleur qui en sortent, la vérification & comparaison de ce qui exiſtoit de proviſions à leur entrée de quartier, de ce qui en a été conſommé pendant ſa durée, & de tout ce qui en reſte.

X I I I.

Un Regiſtre ſur lequel il écrit la Bougie qu'il reçoit du Marchand, ſur des Billets d'ordre du Controlleur, & celle qu'il délivre journellement auſſi par ſes ordres, pour les Dormans & Flambeaux de la Table de Monſeigneur, au Chef d'Office, qui lui remet la même quantité de bouts qu'il lui a fourni de Bougies, ſur lesquels il donne la quantité fixée par le Bureau pour les Réchauffoirs, & les différents Buffets d'Offices, & il rend le reſte, lorsqu'il y en a, au Marchand, qui donne chaque fois ſon reçu du poids, & qui en compte à un prix fait par le Bureau tous les quartiers, à la déduction de la fourniture qu'il a faite, & qui ne lui eſt payée que eu égard à la conſommation ſuivant la vérification.

X I V.

Il ſe fait en outre deux Tableaux contenant chacun quinze jours de dépenſe tirés du grand Regiſtre, & autres ci-devant énoncés au préſent Chapitre, de toute la fourniture faite pendant le mois, jour par jour, & par colonnes, pareils à ceux qu'on joint ici pour modéle, où l'on voit d'un coup d'œil la dépenſe qui s'eſt faite chaque jour, avec la quantité, la qualité & le prix de chacune des choſes reçues & employées, & le nombre des Perſonnes nourries; & à la fin de chaque année il s'en fait un général, mois par mois, de toute la fourniture de l'année, dont le modéle eſt auſſi ci-joint.

X V.

Le Commis du Bureau touche au Tréſor de Monſeigneur le premier de chaque mois ſur ſa quittance, une ſomme ſuf-fiſante pour ſervir à payer les menues dépenſes extraordi-naires & imprévues, qui ne peuvent être miſes par extraits, & qu'il faut payer dans le moment aux Fourniſſants qui n'en pourroient attendre le payement ſi on leur donnoit des ex-traits qui ne ſont payés au Tréſor que tous les quartiers ré-volus, & pour cet effet il tient un Livre ſur lequel il écrit journellement les mêmes dépenſes, qu'il paie par ordre du Controlleur de ſervice; & ce Livre eſt paraphé tous les jours,

& arrêté tous les mois par le Maître d'Hôtel de quartier ; après s'être fait repréfenter par ledit Commis les quittances, notes & mémoires de chacun des Articles de fournitures.

XVI.

Le Commis du Bureau fait raffembler tous les matins par le Garçon du Bureau les Regiftres tenus par le Garçon du Garde-manger, par les Officiers de la Panneterie, d'Échanfonnerie, de Fruiterie, de Fourrière, & par le Linger, comme il eft dit aux Chapitres qui concernent leur fervice, pour les faire vifer par le Maître d'Hôtel de quartier, arrêter par le Controlleur, & porter fur le grand Livre chaque fourniture en particulier, en une feule ligne formée de l'arrêté de chaque Livre, pour voir le total de la dépenfe de chaque jour, & former le Tableau cité en l'Art. XIII ci-deffus.

XVII.

Le Commis du Bureau tient en fa Garde les Inventaires généraux, arrêtés par le Bureau affemblé, de la Vaiffelle d'or & d'argent, de la Batterie de Cuifine, & Ferraille, des Porcelaines & Criftaux, du Linge de Table & d'Office, des Tables à manger, Treteaux, Panniers, Coffres, &c ; ainfi que les états particuliers de ce qu'il y a concernant la Bouche, tiré de ces Inventaires généraux, dans chaque Château & Maifon de Monfeigneur où il y a des Concierges qui en font chargés.

CHAPITRE V.

Garçon du Bureau.

ARTICLE I.

LE Garçon du Bureau fait tout ce que les Maîtres d'Hôtel, les Controlleurs & le Commis du Bureau lui ordonnent.

II.

Il raffemble au Bureau tous les matins les différents Regiftres des Offices, qu'il reporte auffi-tôt qu'ils font vifés & arrêtés du Maître d'Hôtel & du Controlleur de quartier.

I I I.

Il porte journellement les ordres du Controlleur de ſervice chez les Marchands & Fourniſſants, & leur diſtribue tous les quartiers les extraits du montant de leurs fournitures pour s'en faire payer au Tréſor de Monſeigneur.

I V.

Il garnit de Bois tous les matins pour la conſommation du jour, le Bureau, où il ne fait de feu que lorſqu'on y travaille.

CHAPITRE VI.

Garçon du Garde-manger.

ARTICLE I.

LE Garçon du Garde-manger va tous les jours chez le Boucher choiſir les Viandes & en retenir le nombre de livres qui lui ont été ordonnées la veille par le Controlleur de ſervice ; cette Viande eſt enſuite apportée au Garde-manger où elle eſt peſée aux balances qui y ſont, en préſence du Maître d'Hôtel & du Controlleur de ſervice, qui paraphent le Livre ſur lequel le Garçon du Garde-manger en écrit le poids en leur préſence, & c'eſt ſur les peſées faites au Garde-manger que le Boucher eſt payé de ſa fourniture, & non ſur celles qu'il peut faire chez lui.

I I.

Le Garçon du Garde-manger, après que les menus ont été arrêtés par le Maître d'Hôtel & le Controlleur de quartier, va chez le Rôtiſſeur choiſir les piéces de Volailles & de Gibier qui ſont néceſſaires, la recette s'en fait à la Bouche, en préſence du Maître d'Hôtel & du Controlleur de ſervice, qui en examinent l'eſpéce & la qualité, & en cas que lesdites piéces de Volailles ou Gibier ſoient jugées de recette, le Maître d'Hôtel & le Controlleur paraphent l'article ſur le Livre où le Garçon du Garde-manger les écrit.

I I I.

Le Garçon du Garde-manger va chez le Chaircuitier
choiſir

choifir la quantité de Lard & de Sain-doux , & la Chair-
cuiterie qui lui a été ordonnée par le Controlleur. Il fait
apporter le tout au Garde-manger , où le Maître d'Hôtel
& le Controlleur fe trouvent pour l'examiner & le voir pe-
fer , & paraphent l'article fur le Livre où le Garçon du
Garde-manger l'écrit.

I V.

Le Garçon du Garde-manger va chez le Beurrier choifir
le Beurre , la Friture & les Œufs, fuivant l'ordre du Controlleur , & fait apporter le tout au Garde-manger , où le
Maître d'Hôtel & le Controlleur voyent la pefée du Beurre
& de la Friture, & paraphent l'article fur le Livre de recette , tenu par le Garçon du Garde-manger.

V.

Le Garçon du Garde-manger va tous les jours maigres à
quatre heures du matin à la Halle , attendre le Poiffon, &
choifir l'efpéce & la quantité qui lui a été demandée la veille
par le Controlleur , & fuivant les prix du jour il en fait le
marché avec la Marchande, qui lui donne un mémoire où
elle met les prix à chaque article ; le Garçon du Garde-
manger fait apporter le Poiffon à la Bouche , où le Maître
d'Hôtel & le Controlleur en font la recette , examinent les
prix portés fur ledit mémoire, que le Garçon du Garde-
manger enregiftre fur fon Livre de recette, qu'ils paraphent.
La même chofe fe pratique pour le Poiffon d'Eau douce.

V I.

Le Garçon du Garde-manger fait venir les jours maigres
de chez la Marchande de Morue , la quantité de piéces que
le Controlleur lui a ordonnée, & la recette s'en fait , de
même que celle du Poiffon de Mer & d'Eau douce.

V I I.

Le Garçon du Garde-manger va tous les jours chez la
Fruitière choifir les Légumes & Entremets, & en prendre
la quantité qui lui a été ordonnée la veille par le Controlleur;
il fait écrire fur un Livre particulier, que tient la Marchande , les fournitures qu'elle a faites, en mettant les prix à la
fin de chaque article; il les fait apporter au Garde-manger,
où le Maître d'Hôtel & le Controlleur fe trouvent pour les
recevoir,& parapher feulement ledit Livre de la Marchande,

dont le Controlleur n'arrête les prix de ſes fournitures, qu'après avoir envoyé à la Halle, ou y avoir été lui-même ſçavoir les prix courans du jour, des nouvelles Légumes, comme petits Pois, Asperges, &c; & au cas que la Marchande ordinaire n'ait pas les Légumes néceſſaires ordonnées, il va à la Halle où chez d'autres Marchands les acheter, & il les porte ſur ſes menues dépenſes du jour.

V I I I.

Le Garçon du Garde-manger a un Livre ſur lequel il écrit le Lait, la Crême & les Œufs frais, que le Controlleur lui ordonne tous les matins de prendre, pour le ſervice du jour ; ce Livre eſt paraphé journellement par le Maître d'Hôtel & le Controlleur.

I X.

Le Garçon du Garde-manger porte ſur le Regiſtre qu'il tient, à la ſuite des recettes qu'il fait chez les Marchands, les menues dépenſes qu'il paie journellement par ordre du Controlleur, comme achat de Sel, de Vinaigre, Moutarde, &c.

X.

Le Garçon du Garde-manger eſt auſſi chargé des Nappes employées au Garde-manger & à la Bouche, & en eſt comptable vis-à-vis le Linger.

CHAPITRE VII.

Ecuyers de Cuiſine, Aides & Enfans.

ARTICLE I.

LEs Ecuyers de Cuiſine, qu'on appelle ordinairement Ecuyers de la Bouche, ſervent par quartier. Celui qui eſt de ſervice a l'autorité immédiate après le Controlleur ſur

Les Aides de Cuiſine,
Les Enfans de Cuiſine,
Les Porteurs en Cuiſine,
Le Pâtiſſier,
Et ſur les Laveurs, Garçons & petits Garçons de Cuiſine, Bouche & Offices.

Il ordonne à toute la Bouche, fait exécuter les menus dans chaque partie, & veille aux conſommations qui s'y font en tout genre.

I I.

Il sert sur Table dans le cas où le Controlleur se trouve indisposé, & qu'il arrive des événemens cités au Chapitre des Controlleurs, Article X.

I I I.

Il donne les Bouillons à Monseigneur, lorsqu'il en prend à tout autre endroit qu'à Table.

I V.

Il a grand soin de veiller à l'état de la Batterie, & d'avertir le Controlleur lorsqu'elle a besoin d'être étamée & réparée, de donner ses ordres au Chaudronnier, avec lequel il y a marché fait pour qu'il y fasse les réparations nécessaires.

V.

Les Aides de Cuisine font le même service que l'Ecuyer en son absence.

V I.

Les Enfans de Cuisine font aussi le même service énoncé ci-dessus en l'Article premier, & principalement ils sont chargés de la Rôtisserie.

CHAPITRE VIII.

Porteurs en Cuisine.

ARTICLE I.

IL y a un Officier Porteur qui est chargé du soin & qui a à sa garde toute la Batterie & Ferraille existante dans les Châteaux & Maisons de Monseigneur, dont il a donné sa reconnoissance au Bureau assemblé, & dont il a un état général, ainsi qu'un particulier, concernant chaque endroit, dans les déplacements d'un lieu à un autre, comme il est usité pour la Vaisselle d'argent à son Chapitre, & le Controlleur de service fait compter devant lui toutes les semaines, la quantité de piéces qui se trouvent dans les endroits de résidence.

I I.

Les Concierges des Châteaux de Bagnolet & de Villers-Cotterets sont chargés de la Batterie & de la Ferraille.

I I I.

Il y a un état général des Tables à manger & des Treteaux exiftants, & un particulier de la quantité qu'il y en a dans chaque Château & Maifon de Monfeigneur, de leur longueur, largeur, & du nombre de couverts qu'elles contiennent; l'Officier Porteur eft chargé du tout, & il en donne fa reconnoiffance, & il ne s'y fait aucune manutention en augmentation ou changement, dont il ne foit inftruit, afin de charger fes états en conféquence.

I V.

Il tient de même un état des Coffres, Paniers, Valifes néceffaires pour transporter les Effets & Uftenfiles, concernant la Bouche & les Offices, d'un lieu à un autre, qu'il a foin de faire rentrer dans un magafin particulier pour les ferrer; & quand ils ont befoin de réparations, il en avertit le Controlleur de fervice, qui lui donne des ordres pour les faire réparer.

V.

Il a auffi un état des Couvertures de Voitures que le Bureau de la Bouche a fait faire pour fervir dans les Voyages; il a foin de les faire fécher & ferrer au Bureau où elles font en dépôt, & lorsqu'elles ont befoin d'être raccommodées, il en avertit le Controlleur de fervice, qui donne des ordres en conféquence.

V I.

Les Concierges des Châteaux & Maifons de Monfeigneur font chargés de tout ce qui y exifte concernant la Bouche, & en ont chacun un Inventaire.

CHAPITRE IX.

Panneterie.

ARTICLE I.

LEs Chefs de Panneterie, qu'on appelle également Chefs d'Office, fervent par quartier, & en leur abfence par maladie ou autrement, ils font remplacés par les Aides de Panneterie & par les Officiers de la Fruiterie, qui font le fervice concurremment des deux Offices.

II.

Le Chef de Panneterie qui eſt de ſervice eſt chargé de toutes les Porcelaines, Criſtaux, Fayance, Batterie, Uſten-ſiles, Moules, exiſtans dans l'Office, dont il tient un état arrêté & conſtaté par le Bureau, & à la ſuite de ſon quartier il fait la vérification des piéces égarées ou inutiles pendant ſon ſervice, dont il rend compte au Maître d'Hôtel & au Controlleur de quartier, qui en ordonnent le remplacement ſi le cas le requiert, & qui font former un état nouveau de ce qui exiſte, ſoit par augmentation ou diminution, pour le remettre au Chef de Panneterie qui entre en quartier.

III.

Il tient un Regiſtre des fournitures du Pain faites par le Boulanger, & il y détaille auſſi la conſommation qui s'en fait journellement, tant à la Table de Monſeigneur, qu'à celle des Gentilshommes, & autres, lorſqu'il y en a ; & il fait mention en tête de la conſommation, du nombre des Perſonnes qui ont diné & ſoupé.

IV.

Il écrit auſſi ſur le même Regiſtre la fourniture de Farine que le Boulanger fait à la Bouche de Monſeigneur pour la Panneterie-Pâtiſſerie & autres objets, ſur des Billets d'ordre ſignés du Controlleur de ſervice.

V.

Il ne donne du Pain à qui que ce ſoit, ſans un ordre ſigné du Controlleur, qui arrête tous les matins ſur le Regiſtre, la conſommation qui s'eſt faite la veille du Pain & de la Fari-ne, dont il tire le montant en argent, que le Maître d'Hôtel viſe, ainſi que la récapitulation, à la fin du mois.

VI.

Il envoie tous les matins au Commis du Bureau, chargé du magaſin des Proviſions, un Billet ſigné de lui, où il lui demande le Caffé, Chocolat, Confitures, Bougies, & autres objets dont il compte avoir beſoin pendant la journée, & ce même Billet eſt gardé par le Commis, qui en enregiſtre le détail ſur un Regiſtre tenu par lui, & dont il eſt parlé à ſon Chapitre.

VII.

Le Chef de Panneterie étant auſſi chargé du ſervice de la

Fruiterie, qu'il fait concurremment avec les Officiers de cet Office, tient un Regiſtre ſur lequel il fait écrire journellement par la Marchande, qui eſt ordinairement la même que celle des Légumes, tout le Fruit néceſſaire qu'il va choiſir & qu'il n'achette que par ordre du Controlleur, qui n'en arrête journellement le prix qu'après avoir fait ce qui eſt uſité pour les Légumes & Entremets achetés par le Garçon du Garde-manger, comme il eſt dit à l'Article VII de ſon Chapitre. Et s'il arrive que la Marchande ordinaire n'ait pas l'eſpéce du Fruit néceſſaire & ordonné, l'Officier va à la Halle ou chez d'autres Marchandes l'acheter, & s'en fait rembourſer le prix par le Commis du Bureau, qui l'emploie ſur les dépenſes manuelles qu'il eſt en uſage de payer.

CHAPITRE X.

Echanſonnerie.

ARTICLE I.

LEs Chefs d'Echanſonnerie ſervent par quartier, & en cas d'abſence par maladie ou autrement, ils ſont remplacés par les Aides.

II.

Un Aide eſt occupé annuellement aux Caves de Monſeigneur établies au Château de Saint Cloud, où eſt le dépôt général des Vins dont cet Officier eſt chargé.

III.

Il tient un Regiſtre qui s'établit annuellement, en tête duquel eſt l'état détaillé, circonſtancié & conſtaté par le Bureau aſſemblé, de tous les Vins ordinaires, étrangers & liqueurs qui exiſtent auxdites Caves, ainſi que des Carafons vuides, Tonneaux, Futailles, Chantiers, Bouchons & Uſtenſiles néceſſaires pour le ſervice deſdites Caves ; il écrit à la ſuite dudit état tous les Vins qui arrivent pendant l'année, & que le premier Maître d'Hôtel a ordonné de tirer des meilleurs crus de Bourgogne, Champagne, Bordeaux, &c. Il écrit à chaque article de recette deſdits Vins qui arrivent, l'année de leur récolte, leur eſpéce & qualité, la jauge de chaque Piéce, le nom du Marchand qui l'a fourni, combien elle a couté d'achat, & à combien revient la Piéce, & le prix de la Bouteille, les frais de voitures, & les droits de Ferme & Barrage compris.

I V.

Chaque fois qu'il met une Piéce en Bouteilles, il en écrit le jour fur fon Livre, & en fpécifie l'espéce, la qualité de Vin, & la quantité de Bouteilles que la Piéce a produit.

V.

Il écrit auffi fur fon Livre la quantité de Bouteilles de Vin qu'il emploie journellement pour le rempliffage de toutes les Piéces de Vin qu'il a en fa garde, & fait mention de l'espéce de Vin dont il s'eft fervi.

V I.

Il n'envoie dans aucun Château ni Maifon de Monfeigneur, ni ne fournit aucune espéce de Vin que fur des ordres détaillés du Controlleur de fervice, qu'il enregiftre, & qu'il garde foigneufement, pour les produire tous les mois, que fon Livre eft vifé par le Maître d'Hôtel & par le Controlleur de quartier.

V I I.

Il a attention, lorsqu'il envoie du Vin en Bouteilles, de faire demander les Carafons vuides, d'enregiftrer ceux qui lui font remis, & l'endroit d'où il les a reçus, afin d'en conftater chaque mois la perte ou la caffe, après en avoir examiné les raifons.

V I I I.

Le Chef d'Echanfonnerie de quartier tient un Regiftre, en tête duquel eft écrit l'état des Verres, Carafes, Seaux, Flacons, &c, dont il eft chargé, & à fur & à mefure qu'il en manque pour le fervice, il demande un ordre au Controlleur pour en avoir chez le Marchand Fayancer la quantité néceffaire, qu'il enregiftre avec la date du jour de la fourniture, à la fuite dudit état, qui eft vifé tous les mois par le Maître d'Hôtel & par le Controlleur de quartier.

I X.

Le Chef d'Echanfonnerie écrit fur le même Regiftre, l'espéce & la quantité de Vins qu'il reçoit de l'Officier chargé des Caves de Monfeigneur à Saint Cloud, fur des Billets d'ordre du Controlleur de fervice.

X.

Il écrit chaque jour fur ledit Regiftre le nombre de Bouteilles & l'espéce des Vins qui ont été confommés à diner & à fouper aux Tables de Monfeigneur, à celles des Gentilshommes, & aux autres, lorfqu'il y en a.

X I.

Il écrit auffi fur ledit Regiftre les Vins, qu'il ne donne, pour le fervice de la Bouche, que fur des ordres fignés du Controlleur, qui fait tous les matins fur ledit Regiftre, la récapitulation des Vins confommés la veille, que le Maître d'Hôtel vife.

X I I.

Il ne fournit ni ne délivre de Vin à qui que ce foit, que fur des Billets fignés du Controlleur, qu'il laiffe dans ledit Regiftre jusqu'à ce que la confommation du jour ait été vifée du Maître d'Hôtel.

X I I I.

Il eft auffi chargé du foin des Fontaines & Vafes qui contiennent l'Eau pour le fervice de la Chambre & de la Table de Monfeigneur, & il veille avec attention à ce qu'elle foit toujours nouvelle & limpide.

X I V.

Il a très-grande attention de renvoyer à l'Officier chargé du dépôt à Saint Cloud, pareille quantité de Carafons vuides à celle qu'il a reçue de Carafons pleins, & même d'excédant en cas de rentrées de Carafons extraordinaires, qu'il enregiftre auffi, pour faire la confrontation avec la diftribution & la recette qu'en fait l'Officier des Caves de Monfeigneur audit Saint Cloud.

X V.

Quand on fe fert d'un Marchand de Vin, le même ordre eft ftrictement obfervé pour l'emploi & la confommation des Vins par lui fournis, & qui lui font payés chaque quartier par extraits, non fur la fourniture qu'il pourroit avoir faite au Chef d'Echanfonnerie, qui étoit feul comptable vis-à-vis de lui, mais fur la confommation arrêtée journellement par le Controlleur de fervice, & vifée du Maître d'Hôtel.

XVI.

X V I.

L'achat des Vins en provifions eft payé & employé fur des rolles revêtus des mêmes formalités que ceux des dépenfes de la Bouche de chaque quartier.

X V I I.

Tous les ans dans le mois d'Octobre le Maître d'Hôtel, le Controlleur & l'Officier chargé des Caves font un Inventaire général de la totalité des Vins & Liqueurs exiftants, pour connoître leur état, ce qu'on auroit befoin d'en prendre pour remplacement, ou s'il y auroit lieu d'en faire emplette, eu égard à ce que l'année feroit favorable; & fuivant le rapport qui en eft fait au premier Maître d'Hôtel, il décide de ce qu'il convient faire.

X V I I I.

On fournit tous les ans un Tableau général à colonnes, dont le modéle eft ci-joint, de tous les Vins avec leur espéce qui exiftoient au premier jour de chaque année, de ceux achetés pendant ladite année, de ceux qui ont été confommés pendant fon cours, & de ceux qui exiftent au premier de l'année fuivante.

CHAPITRE XI.

Fruiterie.

LEs Officiers de la Fruiterie font avec les Officiers de la Panneterie concurremment le fervice des deux Offices, comme il eft expliqué au Chapitre de la Panneterie.

Et les Aydes & Sommiers des trois Offices de Panneterie, Echanfonnerie & Fruiterie, font employés également au fervice desdits trois Offices.

CHAPITRE XII.

Fourrière.

ARTICLE I.

IL y a un Chef de Fourrière qui fert toute l'année, & qui tient un Regiftre fur lequel il porte le nombre de cordes de

Bois & la quantité de Fagots provenants des Forêts de Monseigneur, qu'il reçoit dans une Fourrière particulière pour le
service de la Bouche, & des Officiers à qui il en est accordé.

I I.

Il délivre tous les matins aux Laveurs de Batterie & de
Vaisselle, la quantité de Bois jugée nécessaire & mesurée
pour le service de la Bouche pendant la journée, dont
l'Ecuyer de Bouche veille à la consommation.

I I I.

Il délivre de même aux Garçons des autres Offices la
quantité de Buches fixée par jour par le Bureau assemblé.

I V.

Il délivre au Maître d'Hôtel & au Controlleur de quartier
seulement, le Bois nécessaire dont ils ont besoin pour leur
usage pendant leur service.

V.

Il délivre tous les matins au Garçon du Bureau le Bois nécessaire & mesuré pour le service du Bureau, où les Maîtres
d'Hôtel, Controlleurs & Commis travaillent journellement.

V I.

Il écrit sur le même Registre du Bois, la quantité de sacs
de Charbon qu'il reçoit du Marchand, avec lequel il y a un
marché fait, sur les mandats du Controlleur de service, &
aussi la consommation qui s'en fait journellement, & dont
le Controlleur lui ordonne la livraison suivant l'ouvrage
qu'il y a à faire tant à la Bouche qu'aux autres Offices. Ce
Registre est visé journellement par le Maître d'Hôtel & arrêté par le Controlleur.

V I I.

Dans les endroits où il est nécessaire d'acheter du Bois
pour le service de la Bouche & des Offices, comme à Marly, Fontainebleau, Compiégne, &c, le Chef de Fourrière
demande au Controlleur de service un Billet d'ordre pour
en avoir du Marchand, avec lequel il y a un marché fait,
la quantité de cordes dont il prévoit avoir besoin, & qu'il
va choisir & faire mesurer devant lui; il écrit sur le Registre
la quantité de cordes reçue, & il en fait la même distribu-
tion, comme il est dit ci-devant du Bois provenant des Forêts de Monseigneur, aux premiers Articles de ce Chapitre.

VIII.

Il en eſt uſé de même par rapport au Charbon, dont il tient Regiſtre pour conſtater ce qu'il en achette, & ce qui en eſt conſommé.

CHAPITRE XIII.

Garde-Vaiſſelle.

ARTICLE I.

LE Garde-Vaiſſelle eſt chargé en général de toute la Vaiſſelle d'or & d'argent concernant la Table, la Bouche, & les Offices de Monſeigneur ; il a une copie de l'Inventaire général de ladite Vaiſſelle, dont l'original eſt au Bureau, avec ſa reconnoiſſance.

II.

Il ne ſe fait aucun changement dans la Vaiſſelle par le Bureau aſſemblé, que le Garde-Vaiſſelle ne ſoit appellé pour y donner ſon avis, & y faire les repréſentations en ce qu'il juge néceſſaire pour le bien du ſervice ; il aſſiſte aux peſées d'argenterie qui ſe font par l'Orfévre devant le premier Maître, & les Maîtres d'Hôtel & Controlleurs, qui lui en donnent leur reconnoiſſance.

III.

Le Garde-Vaiſſelle ne prête de Vaiſſelle à qui que ce ſoit, que par l'ordre du premier Maître d'Hôtel, qu'il reçoit du Maître d'Hôtel ou du Controlleur de quartier.

IV.

Le Garde-Vaiſſelle ne délivre aucune piéce d'argenterie pour le ſervice, que ſur un état que lui donne le Controlleur de ſervice, des piéces dont il a beſoin, tant pour la Table, que pour la Bouche & les Offices ; il les donne en compte avec un double de l'état qui lui a été remis, & ſur lequel il met les numéros des piéces, à un Laveur qu'il en charge particuliérement, & que le Controlleur oblige, en l'abſence du Garde-Vaiſſelle, de lui repréſenter toutes les ſemaines avec leurs numéros en conformité de l'état ſuſdit ; & quand la Maiſon, ou le ſervice quitte un établiſſement, le

Laveur la rend au Garde-Vaiſſelle, de même qu'il la lui a donnée ; & ſi par hazard il manque quelques piéces, il en avertit auſſi-tôt le Maître d'Hôtel & le Controlleur de ſervice, qui donnent des ordres pour les recherches, après avoir pris note de l'eſpéce des piéces avec leurs numéros, manquantes de l'endroit où elles ſe ſont trouvées égarées, & du jour, du mois & de l'année de leur perte.

V.

Le Garde-Vaiſſelle rend compte tous les quartiers au Maître d'Hôtel qui en ſort, comme il eſt dit en ſon Chapitre, Article XVII, de toute la Vaiſſelle qu'il a en ſa garde, & qu'il confronte avec la copie de l'Inventaire général qu'il a, & il fait note ſur une feuille particulière y jointe des piéces qui ſe ſont égarées ou perdues pendant le quartier du Maître d'Hôtel qui vérifie & viſe ce déficit.

V I.

Les Concierges de Bagnolet & de Villers-Cotterets ont à leur garde un détachement particulier de Vaiſſelle, dont ils comptent vis-à-vis le Garde-Vaiſſelle.

CHAPITRE XIV.

Lingerie.

ARTICLE I.

LE Linger tient un Regiſtre ſur lequel eſt porté l'Inventaire conſtaté par le Bureau aſſemblé, de tout le Linge de Table & de Cuiſine dont il eſt chargé, & qui exiſte dans les Lingeries des Châteaux & Maiſons de Monſeigneur.

II.

Il écrit à la ſuite dudit Inventaire le Linge neuf qu'il reçoit pendant l'année, pour remplacer celui qui ſe perd & qui devient de nulle valeur.

III.

Il tient un état particulier de la quantité & de l'eſpéce de Linge, avec le nom de ceux à qui il en diſtribue journellement pour le ſervice particulier de la Chambre de Monſeigneur, à ceux à qui le premier Maître d'Hôtel & le Bureau affemblé en ont accordé, & des Officiers, Garçons & petits Garçons de la Bouche & des Offices, à qui il en diſtribue la quantité preſcrite par le Controlleur de ſervice, dont chacun eſt comptable vis-à-vis dudit Linger, qui écrit ſur ledit Regiſtre celui qui eſt pris tous les mois par le Maître d'Hôtel & le Controlleur de quartier, & le nom de ceux qui ne lui rendent ni l'eſpéce ni la quantité de Linge qu'il leur a donné, pour qu'il y ſoit pourvu.

IV.

Il eſt obligé de changer pendant la journée, ſuivant le beſoin, le Linge de chaque partie ci-deſſus dénommée.

V.

Il met journellement le couvert & la Table de Monſeigneur, & reſte dans la Salle à manger pendant tout le Repas, tant pour ramaſſer exactement le Linge de tous les Services, que pour en changer ou en donner d'augmentation en cas d'événement.

VI.

Quand il y a une Table pour les Gentilshommes, il charge du Linge dont eſt comptable celui que le Controlleur a nommé pour ſervir cette Table; il en eſt de même pour la Table du Bureau, & des autres Tables, lorsqu'il y en a.

VII.

Il met à part pendant l'année le Linge tant de Table que de Cuiſine abſolument hors de ſervice, que le Maître d'Hôtel & le Controlleur du quartier d'Octobre réforment en Décembre, & envoyent par compte à la Charité.

VIII.

Il eſt payé par le Bureau cent francs tous les quartiers à une Femme qui entretient & répare le Linge de Table & de Cuiſine, que le Linger a très-grande attention de lui donner.

IX.

Le Linger tient un ſecond Regiſtre, où il écrit à chaque leſſive le Linge qu'il donne au Blanchiſſeur, avec lequel il y a un marché fait, & ce Regiſtre eſt viſé tous les mois par le Maître d'Hôtel, arrêté par le Controlleur, & payé tous les quartiers par extraits.

X.

Les Concierges des Châteaux de Monſeigneur à Bagnolet & à Villers-Cotterets, ſont chargés du Linge de Table & de

Cuiſine, en font journellement la diſtribution ; & avec les mêmes formalités dites au préſent Chapitre, Article III, & ils en font comptables vis-à-vis du Linger qui leur remplacera celui qui a beſoin d'être réparé & de nulle valeur ; ce qui ſe fait d'autant plus facilement, que c'eſt le même Blanchiſſeur qui blanchit dans tous les Châteaux & Maiſons de Monſeigneur , où il eſt obligé d'aller à ſes frais & dépens, ſuivant les clauſes de ſon marché.

X I.

Et à la fin de chaque année on fait un Tableau dont le modéle eſt ci-joint, du Linge exiſtant au premier Janvier de chaque année, de celui acheté pendant l'année, de celui perdu, de celui hors de ſervice employé pour les fours & lavoirs, de celui hors de ſervice donné à la Charité, & de celui qui reſte en valeur pour ſervir.

CHAPITRE XV.

Laveurs.

ARTICLE I.

LEs Laveurs, outre leur ſervice ordinaire qui eſt de laver la Vaiſſelle, nettoyer la Batterie, &c, vont chercher tous les matins le Bois & le Charbon néceſſaires dans les Fourrières, pour la conſommation de la Bouche pendant la journée, dont le Chef de Fourrière leur fait la livraiſon, comme il eſt dit à ſon Chapitre.

I I.

Ils chargent les Voitures de la Bouche pour les Voyages, & ont attention de rentrer les coffres & paniers dans les Offices.

I I I.

Le nombre des Laveurs eſt déterminé par un état qui ſe fait tous les ans de la quantité néceſſaire des Garçons & petits Garçons de la Bouche & des Offices, & où leurs Gages ſont fixés, & les Laveurs en ſont payés tous les quartiers, par le Controlleur chargé de ce ſoin, ſur un état émargé de chacun d'eux.

IV.

En cas d'événement de promotion d'un Laveur au grade
d'Officier, le talent prévaut sur l'ancienneté, qui l'emporte
cependant à mérite égal.

V.

Les Laveurs servent par quartier ou par semestre, suivant
ce qui est décidé par le premier Maître d'Hôtel & par les
Controlleurs.

VI.

Ils ne peuvent se marier sans la permission du premier
Maître d'Hôtel, laquelle ne peut lui être demandée que par
un Controlleur.

VII.

Ils ne peuvent s'absenter, sous quelque prétexte que ce
soit, sans la permission du Controlleur de service.

VIII.

Ils ne peuvent transporter que pour le service seulement,
& par ordre des Controlleurs, aucune piéce de Vaisselle
d'argent, Batterie, Linge, Porcelaine, &c, hors du Palais
Royal & des autres Maisons de Monseigneur.

IX.

Ils auront grande attention à rendre exactement les Serviettes, Tabliers, Torchons, &c, qui leur ont été distribués
chaque jour pour le service par le Linger.

CHAPITRE XVI.

Garçons & petits Garçons de Cuisine & Offices.

ARTICLE I.

Tous les ans il se forme un état des Garçons & petits Garçons qui sont jugés nécessaires pour les Cuisine & Offices;
on fixe leurs Gages & Appointemens, qui leur sont payés
tous les quartiers par le Controlleur chargé de ce soin, sur
un état émargé de chacun d'eux.

II.

Ils sont tenus d'obéir à tout ce que leurs Officiers leur
commandent dans leur partie; & quoique la destination d'un

chacun soit déterminée par l'état énoncé en l'Article ci-dessus, ils font généralement tout ce que les Controlleurs leur ordonnent pour le service.

I I I.

En cas d'événement de promotion de Garçons au Grade d'Officier, ou de petits Garçons à celui de Garçon, le talent prévaut toujours sur l'ancienneté, qui l'emporte cependant à mérite égal.

I V.

Les Garçons & petits Garçons servent par quartier ou par semestre chez Monseigneur, suivant ce qui en est décidé par le premier Maître d'Hôtel, sur le rapport des Controlleurs.

V.

Aucun des Garçons & petits Garçons ne pourra se marier sans la permission du premier Maître d'Hôtel, laquelle ne peut lui être demandée que par un Controlleur.

V I.

Ils ne peuvent s'absenter, sous quelque prétexte que ce soit, sans la permission du Controlleur de service.

V I I.

Ils ne peuvent tirer que pour le service seulement, & par ordre des Controlleurs, aucune piéce de Vaiffelle d'argent, Batterie, Linge, Porcelaine, &c, hors du Palais Royal & des autres Maisons de Monseigneur.

V I I I.

Ils auront grande attention à rendre exactement les Serviettes, Tabliers, Torchons, &c, qui leur ont été distribués chaque jour pour le service par le Linger.

I X.

Le premier Maître d'Hôtel fait distribuer annuellement, sur le rapport des Controlleurs, une gratification à ceux des Garçons & petits Garçons qui l'ont le mieux mérité, tant par leur talent que par leur conduite & leur exactitude à remplir strictement tout ce qui leur est ordonné.

F I N.